रक्षा मंत्री
भारत
MINISTER OF DEFENCE
INDIA

Ministro de defensa
India
15 de febrero 2013

Prólogo

Swami Vivekananda fue, indiscutiblemente, el mayor apóstol del renacimiento espiritual y cultural de la India en el siglo XIX. Recordamos con respeto y orgullo la gran misión que el sabio indio asumió de difundir el mensaje de la fraternidad universal, la armonía entre las religiones y la coexistencia pacífica de distintas comunidades y países. Era consciente y defendía que la religión era una gran fuerza vinculadora y que todas las religiones nacían con la noble intención de proporcionar iluminación individual, progreso social y el descubrimiento del verdadero ser. Los caminos pueden ser distintos, pero la meta final, la misma. Por eso las religiones poseen un ritmo intrínseco profundamente arraigado en el amor, la compasión y la devoción. Cuando descubrimos el núcleo de este ideal y configuramos nuestra vida según las perdurables enseñanzas propuestas por las diferentes religiones, podemos empezar a respetar a todas y cada una de las personas, independientemente de su casta, su credo, su religión o su origen. El amor y la preocupación por nuestros semejantes son el mantra de la paz y la armonía.

Swami Vivekananda, con su elocuente oratoria y su inspiradora presencia, se convirtió en icono del entusiasmo juvenil en todo el mundo. El suyo era el mensaje espiritual de la India, la quintaesencia de la filosofía india, simplificado e interpretado por el bien de toda la comunidad mundial. Enseñó la religión de la intrepidez y exhortó a los jóvenes a despertarse, levantarse y no cejar hasta alcanzar la meta final.

Matha Amritanandamayi, popularmente conocida en todo el mundo como Amma, está rindiendo un valioso homenaje a Swami Vivekananda en la propicia ocasión del ciento cincuenta aniversario de su nacimiento. Amma explica el

Practicad los valores espirituales para salvar el mundo

Discurso de
Sri Mata Amritanandamayi
con motivo del Programa Inaugural
del Celebraciones del ciento cincuenta
aniversario del nacimiento de
Swami Vivekananda

Auditorio Sirifort, Nueva Delhi
11 de enero de 2013

Mata Amritanandamayi Center, San Ramon
California, Estados Unidos

Practicad los valores espirituales para salvar el mundo

Discurso de Sri Mata Amritanandamayi
con motivo del Programa Inaugural del Celebraciones del ciento cincuenta aniversario del nacimiento de Swami Vivekananda, Auditorio Sirifort, Nueva Delhi 11 de enero de 2013

Publicado por:
Mata Amritanandamayi Center
P.O. Box 613, San Ramon, CA 94583
Estados Unidos

––––––– *Vivekananda Speech – Spanish* –––––––––

Primera edición por MA Center: septiembre de 2016

En España: www.amma-spain.org
fundación@amma-spain.org

En la India:
inform@amritapuri.org
www.amritapuri.org

núcleo central de las enseñanzas de Swami Vivekananda mediante sencillos ejemplos cotidianos. Ella anima a la gente a conservar la pureza mental y la vitalidad, sostener el sistema de valores, eliminar de la mente la oscuridad de la crueldad y empaparse así de los frutos de nuestra antigua cultura y su antiguo sistema de conocimientos, siguiendo el camino del *dharma* y superar el temor al llevar una vida con sentido. Igual que Swami Vivekananda, Amma también nos aconseja esforzarnos por descubrir el poder infinito que tenemos en nuestro interior. Además, Amma transmite el mensaje de la conservación de la naturaleza y del mantenimiento de una ecología y un medio ambiente sanos por el bien común.

Amma no necesita introducción. Mi conocimiento de Amma y mi relación con ella se inició a mediados de los años noventa, cuando era primer ministro de Kerala. Me interesa y me conmueve profundamente el compromiso de servicio que Amma está prestando a la sociedad y el alivio y el consuelo que afirma hay que dar a los necesitados y a los que sufren. Amma ha hecho una gran contribución para promover la educación y la salud. Ella está difundiendo el evangelio del amor universal y la fraternidad, aclamado y apreciado en todo el mundo. Por eso, probablemente Amma sea la persona más adecuada para pronunciar ese valioso y clarificador mensaje en el ciento cincuenta aniversario del nacimiento de Swami Vivekananda.

(A.K. Antony)

Introducción

El 12 de enero de 2013 fue el ciento cincuenta aniversario del nacimiento de Swami Vivekananda, el dinámico sannyasi de Calcuta conocido por llevar la espiritualidad india a Occidente e inspirar la reforma religiosa y el resurgimiento espiritual de su patria. El aniversario no fue solo un día de festejos sino que marcó el comienzo de un año de celebraciones desde Cachemira hasta Kanyakumari, desde Gujarat hasta Orissa. De hecho, como el propio Swami Vivekananda, que viajó por todo el mundo, las celebraciones de su ciento cincuenta aniversario no se limitaron solo a la India sino que tuvieron lugar por todo el planeta.

El 11 de enero de 2013, el Swami Vivekananda Sardhashati Samaroh Samhiti celebró un acto en el Auditorio Sirifort de Nueva Delhi para inaugurar los festejos de todo el año. A petición de ellos, Sri Mata Amritanandamayi Devi —nuestra querida Amma— pronunció el discurso inaugural.

El Auditorio Sirifort estaba totalmente lleno de lo mejor y lo más brillante de la India: políticos, trabajadores sociales, educadores, líderes espirituales y religiosos y otros que han dedicado su vida a mejorar la India. Amma empezó su *satsang* elogiando a Swami Vivekananda por ser la personificación de la pureza mental y la acción vital; alguien cuya vida y cuyo mensaje tuvieron el poder de encender el fuego de la espiritualidad en el corazón de la humanidad. Sin embargo, pronto Amma dejó claro que, desde su punto de vista, la India no vivía ni de lejos a la altura de la visión que Vivekananda tenía para su país. "Podemos haber aprendido a volar como los pájaros y a nadar como los peces; pero se nos ha olvidado vivir como seres humanos", dijo Amma. "Parece que tenemos que volver a aprender esa destreza. ¿Cómo hacerlo? Solo es posible si aprendemos más sobre nosotros mismos. Tenemos que autoanalizarnos. ¿Por qué? Porque la causa de los problemas del mundo no es ni el espacio exterior, ni el viento, ni el mar, ni las estaciones, ni la naturaleza, ni los animales; somos nosotros, los seres humanos, nuestra mente".

Durante los siguientes cuarenta minutos, Amma señaló con precisión la esencia de los diversos problemas que padece la India: sus ciudadanos no valoran su antigua cultura espiritual ni viven según los valores universales en los que se basa esa cultura.

Las palabras de Amma fueron directas y francas. Dijo: "En realidad, muchos de los retos a los que se enfrenta el *sanatana dharma* han sido creados por nosotros mismos. Podemos echarles la culpa a los demás y mencionar el impacto de la globalización, del dominio extranjero y de las otras religiones —y quizá tengan la culpa en cierta medida—; pero no son la causa principal. El principal motivo es nuestra despreocupación: no hemos valorado y protegido la inestimable riqueza que es esta cultura. Más precisamente: no hemos tenido el valor suficiente para hacerlo. Nosotros mismos hemos estado cavando la tumba en la que podría acabar enterrada esta cultura de inmensos y antiguos conocimientos".

Aunque el panorama que describió Amma fue a menudo sombrío, su discurso no fue en absoluto fatalista: "Todavía no es demasiado tarde", dijo Amma. "Si lo intentamos con sinceridad, todavía podemos lograr que este *dharma* reviva ¿Cómo puede protegerse el *dharma*? Solo llevándolo a la práctica. Una cultura solo puede perdurar si se cumple y se practica".

De hecho, el discurso de Amma fue en realidad un esbozo de proyecto para la reforma de la India; un esbozo que tuvo en cuenta la necesidad de una transformación holística, sin dejar de exponer problemas específicos como la falta de conciencia espiritual de la juventud india, la necesidad de proteger el medio ambiente y los recursos naturales, la necesidad de aceptación interreligiosa, la necesidad de proteger la impresionable mente de los jóvenes de los materiales con contenido sexual explícito y la de fomentar una mentalidad basada en la compasión y orientada al servicio tanto en los jóvenes como en los adultos.

Amma concluyó el discurso con un ruego: "La India debe levantarse", dijo. "La voz del saber, del conocimiento del Ser y las antiguas palabras de nuestros *rishis* deben elevarse de nuevo y resonar por todo el mundo. Para lograrlo, tenemos que trabajar juntos y unidos. Que esta tierra que enseñó al mundo el verdadero significado de la aceptación permanezca firmemente arraigada en esa virtud. Que la caracola del *sanatana dharma* pregone a los cuatro vientos un nuevo resurgir que resuene por todo el mundo. Swami Vivekananda fue como un arco iris que apareció en el horizonte de la humanidad para ayudarnos a comprender la belleza y el valor de una vida de acción combinada con la compasión y la meditación. Que, de ese modo, el bello sueño del amor, la intrepidez y la unidad que soñó Swami Vivekananda se haga realidad".

Hubo una estruendosa ovación. Todos los que se congregaban en el Auditorio Sirifort comprendieron que alguien que era la personificación de la cultura india había propuesto a la India una receta acertada para su recuperación. Se han expuesto las líneas generales de la reforma. Ahora solo nos queda llevarlas a cabo.

Swami Amritaswarupananda Puri
Vicepresidente
Mata Amritanandamayi Math

Practicad los valores espirituales para salvar el mundo

Amma se inclina ante todos vosotros, que sois la personificación del amor puro y la conciencia suprema.

Ante todo, a Amma le gustaría expresar su profunda alegría por poder participar en los actos conmemorativos del ciento cincuenta aniversario del nacimiento de Swami Vivekananda. Dentro de otros ciento cincuenta años, la vida y el mensaje de Swami Vivekananda seguirán teniendo la misma trascendencia que en la actualidad. Su vida y su mensaje seguirán inspirando a la gente, porque Swami Vivekananda fue un individuo cuyo carácter fue una mezcla perfecta de pureza mental y vitalidad.

"Elige una idea. Convierte esa idea en tu vida: piensa en ella, sueña con ella, vive esa idea. Que el cerebro, los músculos, los nervios, cada parte de tu cuerpo se llene de esa idea, y olvida cualquier otra. Ese es el camino del éxito; así es como se crean los grandes gigantes espirituales".

Esa fue la magnífica llamada de Swami Vivekananda al mundo. Sus palabras tienen el poder de despertar el potencial espiritual intrínseco de la humanidad, el poder de encender el fuego de ese potencial y el poder de llevar esas llamas a la intensidad de un fuego forestal. En la actualidad, vivimos en un mundo que ha puesto la fe en la satisfacción inmediata, que busca constantemente lo que no tiene pensando que va a ser mejor que lo que tiene. Si se medita sobre las palabras de Swami Vivekananda, estas pueden ayudar a inspirar una revolución espiritual pacífica, pero poderosa. No una revolución exterior, sino interior; una transformación basada en valores.

Desde un punto de vista material, la humanidad está avanzando a toda marcha, alcanzando cima tras cima de éxito. En la actualidad, la humanidad disfruta de muchos logros que, en otra época, parecían inalcanzables, incluso inimaginables; sin embargo, ninguno de esos logros puede limpiar ni una pizca de la suciedad de la crueldad que se ha ido acumulando en el corazón de la humanidad. Esa suciedad ha crecido hasta tal punto que ha llevado a la humanidad al borde de un gran desastre.

Podemos haber aprendido a volar como los pájaros y a nadar como los peces; pero se nos ha olvidado vivir como seres humanos. Parece que tenemos que volver a aprender esa destreza. ¿Cómo hacerlo? Solo es posible si aprendemos más sobre nosotros mismos. Tenemos que autoanalizarnos. ¿Por qué? Porque la causa de los problemas del mundo no es ni el espacio exterior, ni el viento, ni el mar, ni las estaciones, ni la naturaleza, ni los animales; somos nosotros, los seres humanos, nuestra mente. Una parte de la naturaleza humana consiste en crear problemas y después ponerse a dar vueltas a toda prisa intentando buscarles una solución. Actualmente tenemos conocimiento, pero no conciencia. Tenemos información, pero no *viveka*[1]. Sabemos, por supuesto, que tenemos una cabeza; pero solo somos conscientes de ella cuando nos duele. Probablemente habréis oído la historia del hombre que, después de tomarse una cucharada de medicina, se dio cuenta de que la botella tenía una etiqueta que decía: "Agítese bien antes de usarla". Viendo que no había seguido las instrucciones correctamente,

---

[1] La capacidad de pensar con discernimiento y juzgar correctamente.

pensó durante unos instantes y después se puso a dar saltos y a agitar el cuerpo todo lo que podía.

Como el hombre de la historia, a menudo no intentamos corregir nuestros errores hasta que ya es demasiado tarde. En realidad, muchos de los retos a los que se enfrenta el *sanatana dharma* han sido creados por nosotros mismos. Podemos echarles la culpa a los demás y mencionar el impacto de la globalización, del dominio extranjero y de las otras religiones—y quizá tengan la culpa en cierta medida—; pero no son la causa principal. El principal motivo es nuestra despreocupación: no hemos valorado y protegido la inestimable riqueza que es esta cultura. Más precisamente: no hemos tenido el valor suficiente para hacerlo. Nosotros mismos hemos estado cavando la tumba en la que podría acabar enterrada esta cultura de inmensos y antiguos conocimientos.

Todavía no es demasiado tarde. Si lo intentamos con sinceridad, todavía podemos lograr que este *dharma* reviva ¿Cómo puede protegerse el *dharma*? Solo llevándolo a la práctica. Una cultura solo puede perdurar si se cumple y se practica. Amma no os está pidiendo que realicéis intensas austeridades espirituales, sino que practiquéis un poco nuestro *dharma*, según vuestra capacidad.

El Señor Krishna ha dicho: "En este camino no hay pérdida. Hasta una pequeña práctica de este *dharma* te ayudará a trascender los miedos más profundos"[2]. El camino del *dharma* es el único camino que hay en el mundo que, si se recorre, es imposible fracasar.

No hay miedo mayor que el miedo a la muerte. Debemos tener valor para proteger nuestra herencia védica embebiéndonos de su sabiduría, que nos enseña a trascender hasta el miedo a la muerte. El pensamiento "no puedo hacerlo" debe transformarse en la firme resolución "solo yo puedo hacerlo". Eso es especialmente importante en el caso de las mentes jóvenes, porque la juventud será la que transmita al futuro las enseñanzas de nuestra herencia.

"Unos pocos hombres y mujeres entusiastas, sinceros y que estén llenos de energía pueden hacer en un año más que una muchedumbre en un siglo": recordad estas palabras de Swami Vivekananda. También dijo: "La tierra la disfrutan los héroes. Esa es la verdad inquebrantable. Sé

---

[2] Nehābhikramanāśo'sti pratyavāyo na vidyate | svalpamapyasya dharmasya trāyate mahato bhavāt ||
Bhagavad Gītā, 2.40

un héroe. Di siempre: 'no tengo miedo'. Díselo a todos: 'no tengas miedo'".

La perdición de la comunidad hinduista actual es el miedo: el miedo del hinduista a practicar su fe. Como se ha olvidado de *Veda Mata*, *Desha Mata*, *Deha Mata*, *Prakriti Mata* y *Jaganmata*[3], ese miedo lo ha sumergido en las profundidades de la oscuridad. Sin embargo, la esencia del *sanatana dharma* es la intrepidez. El miedo hace que la vida sea como la muerte. Debilita el poder de nuestras acciones. Convierte la mente en una esclava del egoísmo y la maldad. El origen de ese miedo es el sentimiento de "soy débil". Este surge por la falta de comprensión del poder infinito que hay en nuestro interior.

Una vez, un camión estaba pasando por una aldea y de algún modo se le incendió el motor. El conductor saltó rápidamente del vehículo, fue a una cabina telefónica y llamó a los bomberos; pero cuando llegaron los bomberos la parte delantera del camión ya se había quemado completamente. Al abrir el camión, a los bomberos les sorprendió ver lo que llevaba: un cargamento de extintores. Si el conductor del camión hubiese sabido lo

---

[3] Madre Veda, madre patria, madre biológica, Madre Naturaleza y Madre Tierra.

que tenía dentro, esa desgracia podría haberse evitado. Del mismo modo, a menudo el miedo nos impide damos cuenta del poder latente que hay en nuestro interior.

El miedo hace que la mente se contraiga y se marchite. La mente se vuelve como un pozo seco. El miedo reduce nuestro mundo a una pequeña celda de oscuridad, como la de una tortuga que se esconde en su caparazón al ver a un predador. Reduce nuestra fuerza a una minúscula motita. Perdemos nuestra *atma shakti*[4]. Por el contrario, una mente intrépida es tan inmensa como el cielo.

Amma no diría que el miedo carece de finalidad. Tiene una función natural y útil. Por ejemplo, cuando se incendia una casa, sería insensato mostrar valentía y quedarse dentro. Amma solo dice que no debemos volvernos esclavos del miedo.

El nacimiento y la muerte son dos importantes características de la vida. Suceden sin nuestro consentimiento y no tienen en cuenta ninguna de nuestras necesidades. Si la vida es un puente,

---

[4] Literalmente "el poder del Ser". En esencia, la confianza y la fuerza mental que se obtienen al comprender que nuestra verdadera naturaleza es inmortal y no está limitada de ninguna manera.

el nacimiento y la muerte son los dos extremos que sustentan ese puente y le sirven de cimientos. No tenemos el control de estos dos elementos básicos —el nacimiento y la muerte— que sustentan la vida. Somos completamente ignorantes en relación con ellos. Entonces, ¿cómo podemos afirmar lógicamente que la parte del medio —la que llamamos "la vida"— sea nuestra? Del mismo modo, la infancia, la adolescencia, la juventud y la vejez no nos piden permiso para venir y marcharse. Sencillamente suceden. Reconoced esta verdad y realizad acciones que os mejoren tanto a vosotros como individuos como a la sociedad en su conjunto.

Una vez, Swami Vivekananda dijo: "Como la muerte es segura, es mejor sacrificarse por una buena causa". Esos ideales, que son la esencia del *sanatana dharma*, hay que enseñárselos a nuestros jóvenes. Debemos volvernos modelos de conducta practicando esos ideales en nuestra vida. Si la juventud despierta, la nación despertará; el mundo despertará. Sin embargo, los jóvenes de hoy parecen estar atrapados por una extendida epidemia. Amma no quiere generalizar: algunos jóvenes ven la vida con una perspectiva más madura; pero una gran mayoría solo parece interesada en disfrutar de una vida "guay". Las ideas de espiritualidad, patriotismo y nuestros santos les parecen tonterías. "¡Antiguallas! Eso no es para nosotros. Es para gente mayor y perezosa", dicen. En realidad, los verdaderos necios son los que ridiculizan a los demás y se ríen de ellos. Los que son capaces de ver sus propias debilidades y defectos y reírse de ellos tienen *viveka*. Debemos ayudar a nuestros jóvenes a desarrollar este sentido de *viveka*.

En la creación solo hay dos partes: *atma* y *anatma*, "yo" y todo lo que no es "yo". Normalmente, no nos interesa conocernos a nosotros mismos. Solo intentamos conocer los objetos y las situaciones exteriores.

Un hombre se acercó en moto a la frontera entre dos países. En la parte de atrás llevaba dos grandes sacos. El aduanero lo detuvo y le preguntó:

—¿Qué hay en esos sacos?

—Solo arena —respondió.

El aduanero dijo:

—¿De verdad? Vamos a verlo. Bájate de la moto.

Agarró los sacos y los vació en el suelo; pero, efectivamente, no había más que arena. Con todo,

decidió retener al hombre esa noche mientras se analizaba la arena en busca de oro, drogas o explosivos. Sin embargo, al final lo único que se encontró fue arena. Como no podía hacer otra cosa, el aduanero lo dejó en libertad y le permitió cruzar la frontera en la moto cargada de arena.

Una semana después, volvió a suceder lo mismo. De nuevo, el aduanero detuvo al hombre durante la noche y lo soltó por la mañana con su moto y sus dos sacos de arena. Durante los meses siguientes, se repitió lo mismo una y otra vez.

Finalmente, pasaron varios meses sin que el hombre cruzara la frontera. Un buen día, el aduanero vio al hombre en un restaurante del otro lado de la frontera. Le dijo:

—Oye, sé que te traes algo entre manos, pero no sé qué es. ¡Me estoy volviendo loco! No puedo dormir por la noche. No logro adivinar de qué se trata. Entre tú y yo, ¿por qué pasas de contrabando arena corriente que no vale nada?

Dándole un trago a su bebida, el hombre sonrió y dijo:

—Oficial, no era contrabando de arena; lo que pasaba de contrabando eran motos robadas.

Al estar totalmente preocupado por los sacos, el aduanero no le prestó atención a lo que debería haber sido más obvio: la moto. Del mismo modo, nosotros prestamos atención continuamente a lo exterior y por eso nos perdemos. En consecuencia, aunque sea importante comprender la naturaleza de los objetos externos, también debemos comprender quiénes somos nosotros.

Actualmente hay mucha gente aprendiendo *asanas*[5] de yoga para mejorar su aspecto físico y su fuerza. Está de moda entre los jóvenes; pero estos no entienden el principio subyacente, la riqueza inestimable que está en el corazón del yoga.

El poder cósmico que crea y organiza este universo para que funcione sin problemas ha dado ciertas pautas para la humanidad. Esas pautas se llaman el *dharma*. El *dharma* tiene un determinado ritmo, tono y melodía. Cuando la humanidad no actúa de acuerdo con este *dharma*, el equilibrio de la mente humana y de la naturaleza se pierde. La causa principal de la mayor parte de los problemas que vemos en nuestro país es el predominio de un modo de pensar y un estilo de vida que no tienen en cuenta nuestra antigua cultura. Nuestra juventud debe ser consciente de este problema. Si quiere que sus deseos y sus sueños se hagan realidad, hace falta una inmensa

---

[5] Posturas de yoga.

cantidad de fuerza, las bendiciones del universo y el apoyo y la protección de las fuerzas naturales.

No es que nuestra juventud "no sirva para nada"; al contrario: "sirve para todo". No es "descuidada", sino que "no ha sido bien cuidada". El futuro de la India y del mundo entero está en ella. El yacimiento de fuerza que hace falta para que nuestra sociedad se despierte reside en su interior. Si se despierta, nuestro futuro está asegurado. De lo contrario, se alterará la armonía de la vida humana y el universo entero se verá afectado.

Un día, un chico de veinticinco años vino a nuestro *ashram*. Llevaba una gorra con la visera hacia atrás y una marca de pasta de sándalo en la frente. Se acercó al *sannyasi*[6] superior del *ashram* y le preguntó:

—Señor, ¿dónde está la cocina del *ashram*?

El *sannyasi* se quedó un poco sorprendido; pero no reaccionó y se limitó a indicarle el camino. Al cabo de un rato, cuando el joven volvía, el *sannyasi* lo llamó y le preguntó con cariño:

—Hijo, ¿cómo te llamas?

—Jnanaprakash —respondió.

(El *sannyasi* debió de pensar: "Sus padres le han puesto un buen nombre, *Jnanaprakash*, 'la luz

---

[6] Monje.

del conocimiento'. Entonces, ¿por qué no emite luz alguna?")

El *sannyasi* le preguntó al joven:

—Hijo, ¿cómo llamarías a una persona que lleva una bata blanca y un estetoscopio en un hospital?

—Un médico —respondió.

—¿Y cómo llamarías a alguien que lleva una bata negra y una corbata en un tribunal?

—Un abogado —respondió.

—¿Y no sabes que, del mismo modo, a alguien que lleva ropa ocre en un ashram hay que llamarle "Swami"? —añadió.

El joven se quedó en silencio unos momentos. Después, se disculpó rápidamente:

—Lo siento, señor.

El *sannyasi* no pudo contener la risa. El joven era hinduista, creía en Dios y tenía algunos estudios, pero no comprendía bien su cultura. Esta anécdota muestra una lamentable verdad: la generación más joven no es consciente del valor y la grandeza de su propio país, que es conocido como la tierra sagrada de los *rishis*[7], la tierra que le dio al mundo la luz dorada de la espiritualidad. ¿Cómo ha pasado esto? ¿Cómo podemos

---

[7] Antiguos sabios.

transmitir una comprensión básica de nuestra cultura a las nuevas generaciones? Nuestra cultura védica ha sido un faro para todo el mundo; pero ahora esta cultura está en crisis. Debemos proteger nuestra cultura. Para ello, nos hacen falta voluntad y disposición para esforzarnos un poco. Entonces, el *dharma* se protegerá a sí mismo. Tenemos que iniciar ese esfuerzo justo aquí, y ahora mismo. Sin embargo, para esto, el sistema administrativo en vigor debe tener una visión basada en valores espirituales y debe trabajar unido por una mejor gobernanza. Esto nos recuerda el *mantra* upanishádico que tanto le gustaba a Swami Vivekananda: "Levántate, despierta y no te detengas hasta alcanzar la meta"[8].

Nuestras capacidades mentales e intelectuales son limitadas. Su vitalidad dura poco y al final se van a secar. Por eso se dice que debemos poner la fe en el *atma shakti*. Ese es el despertar al que se refiere el célebre *mantra*. Es imposible adquirir completa fe en un instante; pero cuando realicemos las acciones con una actitud de entrega, obtendremos fuerza y avanzaremos hacia la meta.

---

[8] utthishthata jāgrata prāpya varānnibhodata |
Katha upanishad, 1.3.14

Los enemigos no están fuera; están dentro. Nosotros somos nuestro propio enemigo. Nuestra ignorancia, la forma en la que nos volvemos esclavos de nuestros deseos y nuestra confusión general sobre la naturaleza de la vida son las limitaciones que nos coartan.

Un profesor de primaria les preguntó una vez a sus alumnos:

—Niños, ¿cuántas estrellas veis en el cielo por la noche?

Un niño respondió:

—¡Miles y miles!

Otro respondió:

—¡Millones!

Un tercer niño dijo:

—¡Miles de millones!

Finalmente, el niño más pequeño de la clase respondió:

—¡Tres!

—¿Solo tres estrellas? —preguntó el profesor— . ¿No has oído que tus compañeros decían miles y millones? Hijo, ¿cómo es que solo ves tres estrellas en el cielo?

El niño respondió:

—No es culpa mía. Es que la ventana de mi habitación es pequeñísima.

La ventana era como un marco. El niño solo podía ver el trocito de cielo enmarcado por su ventana. Del mismo modo, nosotros estamos limitados por el marco de nuestras limitaciones. Para trascenderlas tenemos que actuar manteniéndonos firmemente arraigados en la comprensión espiritual. El *Kali Yuga*[9] es la edad de la acción. Realizar acciones con la intención firme de alcanzar una meta espiritual es la mayor forma de renuncia y austeridad que se puede hacer en el *Kali Yuga*. Eso nos ayuda a responder inteligentemente en lugar de reaccionar emocionalmente ante las situaciones que se nos presentan en la vida. En esencia, *viveka* es lo que llega a guiar nuestra vida.

En palabras de Swami Vivekananda: "Un ateo es alguien que no cree en sí mismo. Creer en uno mismo significa creer en el ilimitado poder del Ser interior".

Hay tres expresiones de amor que despiertan ese poder interior: el amor a uno mismo, el amor a Dios y el amor a la creación entera. Amor a uno mismo no significa el amor egocéntrico del ego.

---

[9] El Kali Yuga es la cuarta de cuatro edades cíclicas, "la edad del materialismo", en la que el dharma apenas se practica.

Significa amar la vida: considerar que el éxito y el fracaso, y esta misma vida humana, son una bendición de Dios, y amar el poder divino innato en nuestro interior. Esto crece y se convierte en amor a Dios. Si esos dos componentes están presentes, el tercer componente —amor a la creación entera— se manifestará de forma natural.

El hogar es la fuente tanto de las buenas cualidades como de las malas cualidades de una persona. Casi todo lo que influye en la salud mental de un niño procede de su entorno familiar. Cuando el niño tiene ocho o nueve años ya se han echado los cimientos del setenta por ciento de su crecimiento mental. Una persona puede vivir ochenta o noventa años; pero cuando llega a los diez años ya ha aprendido las lecciones más importantes de su vida. Después solo se aprende el treinta por ciento restante, y ese aprendizaje se construye sobre las capacidades y las limitaciones que se han adquirido en la infancia. Para construir un rascacielos, hay que empezar poniendo unos cimientos firmes. La madurez es, en realidad, la capacidad de seguir aprendiendo toda la vida. No llega con la edad, sino con el altruismo y con una actitud de aceptación totalmente carente de prejuicios.

Cada día se desarrollan nuevas tecnologías y se descubren nuevas enfermedades en el campo de la medicina. Por eso, un médico debe estar al día de las últimas investigaciones médicas. Un médico no puede decir: "Bueno, hace veinte años era así; ahora no puede ser distinto".

Es cierto: si queremos lograr objetivos materiales, primero debemos reunir información sobre el mundo exterior. Sin embargo, cuando basamos nuestra vida exclusivamente en esa información, nuestro ego crece. En la actualidad, la información innecesaria está consumiendo nuestra vida, especialmente la de las generaciones más jóvenes. Nuestros jóvenes solo creen en el cuerpo y la mente. Esa forma de pensar vuelve a las personas mecánicas y egoístas. De hecho, actualmente, con las tecnologías de la información, nuestros jóvenes saben más sobre el mundo que los adultos.

Un padre quería hablar en privado con su hijo —un estudiante de séptimo curso— lo llevó a su habitación y cerró la puerta. Mirándolo a los ojos, le dijo:

—Hijo, tienes doce años. Cuando leo y oigo hablar sobre las cosas que hacen actualmente los chicos de tu edad, se me revuelve el estómago.

Así que quiero hablar contigo de algunas cosas de la vida.

Sin pestañear, el hijo respondió:

—Claro, papá. ¿Qué quieres saber? Te lo contaré todo.

Los antiguos *rishis* experimentaron que el sustrato de todo el conocimiento es la conciencia pura que hay en nuestro interior. Debemos combinar armoniosamente esa comprensión con los descubrimientos de la ciencia moderna. La próxima generación debe comprender esta necesidad. En caso contrario, este país, que es el lugar de nacimiento del pensamiento espiritual, se verá obligado a ver a una generación que crea que en la vida no hay nada más que sexo, drogas y dinero.

Swami Vivekananda dijo: "Amaba mucho a mi patria antes de ir a Estados Unidos e Inglaterra. Desde que he vuelto, cada partícula de esta tierra me parece sagrada". Después del reciente suceso de Delhi, muchos indios se avergüenzan de llamarse a sí mismos indios[10]. Nuestros valores, nuestro sentido del *dharma*, el sacrificio de

---

[10] Amma se refiere a la violación en grupo que acabó con la vida de una estudiante de veintitrés años en Delhi en diciembre de 2012.

sí mismos y la compasión de nuestros santos y sabios: eso es lo que Swami Vivekananda apreciaba tanto de su patria. El mundo de una persona corriente se compone de su hogar, su mujer y sus hijos; pero los que quieren dedicar su vida a servir transcienden esos límites y ofrecen su vida por su país. Los que han llegado a la cima de la espiritualidad y se han instalado en el *advaita*[11] ven la creación entera como suya, no solo a sus familias. Para ellos, el cielo y el infierno son iguales. Esas personas transforman el infierno en un cielo. La visión de la unidad es el camino que lleva a un cambio positivo.

La universidad que nuestro *ashram dirige* tiene cinco campus. Algunos alumnos le dijeron una vez a Amma que ya no querían llevar uniforme. Amma les preguntó:

—¿El verdadero objetivo de la educación solo es lograr un título, un buen trabajo y ganar mucho dinero? No. Es adquirir conocimiento y valores y cultivar una actitud compasiva hacia todos.

Después Amma les puso algunos ejemplos de lo que sucedía en facultades gestionadas por otras instituciones sin una política de llevar uniforme.

---

[11] La comprensión de que, en esencia, el individuo, Dios y el universo son uno, "no dos".

En una facultad, muchos estudiantes se habían visto obligados a pedir grandes préstamos para pagarse los estudios y, por eso, tenían un presupuesto muy limitado. Cuando esos estudiantes veían que sus compañeros de curso llevaban ropa cara y de moda, querían hacer lo mismo. El complejo de inferioridad provocado por no tener ropa cara llevaba a algunos estudiantes a intentar ganar dinero vendiendo droga, incluso a sus propios compañeros. De ese modo, muchos se volvieron adictos. Algunos robaron. Otros incluso se suicidaron.

Un estudiante de otra facultad, que era muy pobre y estaba desesperado por encajar, le envió a Amma una inquietante carta desde la cárcel, contándole que había intentado robarle un collar de oro a una mujer y, al hacerlo, la había matado accidentalmente.

Amma les preguntó a los estudiantes:

—Ahora, decidme: ¿queréis crear una situación en la que otros estudiantes puedan acabar tomando decisiones incorrectas o preferís llevar uniforme?

Al darse cuenta de la importancia de respetar los sentimientos de los demás, los estudiantes contestaron unánimemente que preferían llevar uniforme.

Debemos reconocer la unidad que subyace a todas las diferencias. Eso nos ayudará. Aunque podamos ver mil soles reflejados en mil cuencos de agua, solo hay un sol. Cuando veamos que la conciencia que hay en todos nosotros es la misma, seremos capaces de poseer una mente que tenga en cuenta las necesidades de los demás antes que las propias. Por ejemplo: podemos necesitar un reloj; pero tanto un reloj de un euro como uno de mil nos darán la hora. Si compráramos el reloj más barato y usáramos el dinero sobrante para ayudar a los pobres, estaríamos prestándole un gran servicio a la sociedad.

Todo lo que hay en la creación tiene vida y conciencia. ¿Cómo podemos demostrar esta gran verdad? Ni con el lenguaje, ni con la mente, ni con el intelecto: todos ellos son limitados. El amor es el guía más antiguo y más moderno. Solo el amor puede elevar la mente humana de su estado más bajo hasta el reino infinito del Ser. Además, el amor es el único idioma que toda la creación puede entender: el lenguaje universal del corazón. "Amor", "bendición", "gracia" y "compasión" son meros sinónimos de Dios. Esas virtudes y Dios no son cosas distintas, sino una sola cosa. Esa gracia y esa bendición son omnipresentes. Cuando cumplimos nuestro *dharma* con alegría y con el corazón abierto, ese poder y esa gracia fluyen hacia nosotros.

Un pez que nada gozosamente en el mar se olvida del mar; pero, cuando lo arrojan a la arena caliente de la orilla, lo recuerda de inmediato. Sin embargo, no hay orillas lejos de Dios en las que nos puedan arrojar, porque Dios es un mar infinito sin orillas. Cada uno de nosotros es una ola de ese mar. Igual que el mar, las olas y el agua son uno, también nosotros somos uno con Dios. Somos encarnaciones de Dios.

Los *asuras*[12] eran los que cayeron del reino de los *devas*[13] por su falta de *viveka*. En nuestros días, el hombre, que es una encarnación de Dios, se está comportando como un *asura*. Muchos acontecimientos del pasado, y más aún algunos actuales, muestran que hay *asuras* que están naciendo como seres humanos. Todos los días nos enteramos de incidentes que están empañando la reputación de nuestra cultura eterna; esa cultura que nos enseña a venerar a todas las mujeres como

---

[12] Demonios.
[13] Seres celestiales.

madres, como diosas, como amigas íntimas a las que podemos abrir nuestro corazón. La atrocidad que sucedió en Delhi, ¿puede ser otra cosa que el producto de mentes asúricas? En ninguna época de la historia ha florecido ninguna sociedad que no respetara a las mujeres. Todas esas sociedades se vienen abajo. Si estudiamos el *Ramayana* o el *Mahabharata*[14], o incluso los últimos mil años de la historia, podemos ver cómo han caído inmensos imperios y valientes emperadores por su falta de respeto a las mujeres y la maternidad. Esta tierra ha presenciado el *maha-tyaga*, el *tapas* y el *danam* de nuestros *rishis*: su gran renuncia, sus prácticas ascéticas y su caridad. Ya es hora de que los ciudadanos de la India transformen su mente. Retrasarlo más acabará en un desastre.

Cuando un niño pasa por todas las etapas del crecimiento —cuando intenta darse la vuelta, cuando aprende a gatear, cuando empieza a andar, etc.— es como un soldado que nunca aceptará la derrota; pero en nuestros días, para cuando crece, atraviesa la mediana edad y se convierte en una persona mayor, adquiere una mentalidad de negocios. Todo, incluyendo sus relaciones, se convierte en acuerdos de negocios. ¿Quién

---

[14] Poemas épicos de la India.

tiene la culpa de eso? Nuestra sociedad, nuestros padres, nuestros mayores, nuestro sistema educativo, nuestras imitaciones ciegas y nuestro modo de vida que no respeta la cultura india. Todos ellos provocan miedo, ansiedad y cobardía. La humanidad pierde la fuerza necesaria para ver la vida como una aventura o un reto que hay que afrontar con valentía. La mente no es capaz ni de reconocer la existencia de los demás ni de tener en cuenta sus sentimientos.

En este planeta hay siete mil millones de personas; sin embargo, casi nadie piensa en los demás. No hay ni amistad, ni verdadera familia, ni unidad. Nos hemos alejado de la manada y todos estamos desmandados como elefantes solitarios.

En el *sanatana dharma*, el Creador y la creación no son dos; son solo uno. Igual que no hay diferencia entre el oro y las joyas de oro, no hay diferencia entre el Creador —Dios— y lo creado —el mundo—. El efecto no puede ser nunca distinto de su fundamento, de su causa. El *sanatana dharma* es la única filosofía que nos enseña a ver a *nara* como *Narayana*, a ver a los seres humanos como Dios. Es la única religión que ha rendido culto a lo *nirgunam* —lo que no tiene atributos— como Dios. Por lejos que esté un hombre de su amada, aquel siente muchísima alegría al mirar el pañuelo que ella le dio. El hombre no disfruta de la tela o del bordado del pañuelo; disfruta del recuerdo de su amada. Del mismo modo, al imaginar cualquier forma de Dios, lo que estamos experimentando realmente es la presencia amorosa de Dios.

Tenemos una larga tradición de respeto y veneración de la naturaleza y de todos los seres vivos. Nuestros antepasados construían santuarios y adoraban los árboles, los pájaros e incluso las serpientes venenosas. Una abeja podrá ser diminuta; pero sin esa minúscula criatura se acabaría la polinización y se extinguirían especies enteras. Si el motor de un avión se estropea, el avión no puede volar. De hecho, sucedería lo mismo aunque solo faltase un tornillo esencial. ¿Podemos tirar el tornillo diciendo que, a diferencia del motor, es solo una cosita insignificante? En realidad, todo tiene su función y su importancia. Nada es insignificante.

La Madre Naturaleza, que derrama bendiciones como *kamadhenu*, la vaca que concede los deseos, es ahora una vaca vieja y seca.

Actualmente, la idea de proteger el medio ambiente se considera pensamiento moderno, lo cual es irónico porque la protección del medio ambiente es una antigua característica de nuestra cultura. La única diferencia es que nosotros protegíamos la naturaleza porque veíamos toda la creación como parte de Dios. Después, decidimos que esa idea era primitiva y, por eso, dejamos de proteger la naturaleza. En la actualidad, a nuestra protección medioambiental le falta la veneración que fue su fundamento en otros tiempos. Por eso, todos nuestros intentos en esa dirección se quedan cortos.

Había dos pájaros sentados hablando en lo alto de un edificio. Un pájaro le preguntó al otro:

—¿Dónde tienes el nido?

El segundo pájaro respondió:

—Todavía no tengo ni nido ni familia. Soy incapaz de conseguir suficiente néctar de las flores para saciarme. Hace unos días salí a buscar néctar y encontré un bonito jardín frente a una casa. Entusiasmado, volé hacia allí; pero al acercarme me di cuenta de que el jardín era artificial. Todas las flores eran de plástico. Otro día vi otro jardín lleno de color; pero cuando fui a beberme el néctar de una de sus flores, me astillé el pico. ¡La flor era de cristal! Otro día encontré un jardín de verdad, lleno de bellas flores. Muerto de hambre, descendí; pero me paré en seco cuando vi que un hombre estaba fumigándolo con fertilizantes y pesticidas químicos. ¡Podría haber muerto! Me di la vuelta, decepcionado. Tal como están las cosas, actualmente hay muy pocas flores, y las que quedan están así. ¿Cómo puedo esperar construir un nido y crear una familia? ¿Con qué alimentaré a mis polluelos?

Al escuchar su queja, el primer pájaro dijo:

—Tienes toda la razón. Llevo días intentando construir un nido, pero no consigo encontrar ramitas. Cada vez hay menos árboles. Si las cosas siguen así, tendré que hacer el nido con trozos de plástico y de hierro.

Nuestra situación es tan penosa como la de esos dos pajaritos. No basta con tener hijos; también hay que asegurarse de que tengan un futuro. En los últimos veinticinco años hemos destruido el cuarenta por ciento de nuestros bosques. La cantidad disponible de combustible y de agua está disminuyendo. Los que van a resultar más afectados por este problema son nuestros hijos pequeños y sus hijos. Tenemos que comprender esto, levantarnos y actuar. Nuestra juventud debe

ponerse al frente de las campañas de conservación de agua, energía y bosques.

La lujuria es como el hambre: está presente
en todos los seres humanos. Sin embargo, anti-
guamente la humanidad vivía firmemente arraigada en los valores espirituales y, de ese modo,
podía controlar ese deseo. Cuando Amma era
pequeña, Damayanti Amma[15] nos decía: "No
orinéis nunca en el río. El río es *Devi*[16]". Aunque
el agua estuviera fría, cuando nadábamos en la
ría éramos capaces de contenernos recordando
las palabras de Damayanti Amma. Cuando se
adquiere una actitud de veneración por un río,
no se lo ensuciará nunca. Desagraciadamente, la
sociedad actual carece de valores. Sucesos como
el que tuvo lugar recientemente en Delhi son
prueba de ello. Actualmente, los jóvenes dedican
el tiempo libre a buscar pornografía en Internet.
Eso es como echar combustible en el fuego:
solo se consigue aumentar su lujuria. Algunos
adolescentes incluso le han dicho a Amma que,
después de ver esta clase de imágenes, han tenido pensamientos impuros respecto a sus propios
hermanos. Pierden el *viveka*. Su estado es como el

---

[15] La madre de Amma.
[16] La Madre Divina.

de un mono borracho al que le haya mordido un escorpión y le haya caído un coco en la cabeza. La situación de la juventud actual es como la de un cohete atrapado por el campo gravitatorio de la tierra. Para liberarnos de esta atracción gravitatoria necesitamos el cohete propulsor de los valores espirituales.

Igual que los padres riñen a sus hijos diciéndoles "¡Deja de jugar y estudia!", también deben insistir en que sus hijos se esfuercen por desarrollar valores. Cuando nuestros hijos son jóvenes e impresionables, las madres tienen que decirles con firmeza a sus hijas: "Debes ser valiente. No permitas nunca que nadie te humille. Debes cultivar fortaleza de corazón". Igualmente, los padres deben enseñarles a sus hijos que hay que proteger y respetar a las mujeres. En nuestros días, muchos hombres son como carreteras de un único sentido: deben convertirse en autopistas y dejar avanzar a su lado también a las mujeres. El gobierno puede cambiar todas las leyes que quiera y dictar sentencias tan fuertes como pueda para los delincuentes sexuales; pero si no educamos a nuestros hijos con esos valores, nunca se producirá ningún verdadero cambio. El gobierno tiene que celebrar reuniones para determinar cuál es la mejor manera de mantener alejado de la influenciable mente de nuestros jóvenes el material sexualmente explícito al que puede accederse en Internet.

Antes era obligatorio que todos los estudiantes realizaran cierta cantidad de servicio a la comunidad. Amma cree que hay que reinstaurar esa política. Si todas nuestras escuelas llevaran a los alumnos a hacer campañas de limpieza y de plantación de árboles al menos dos veces por semana, el problema de la contaminación se paliaría en gran medida. Habría que ponerles notas por esas actividades. Además, así podríamos también lograr que nuestros hijos fueran capaces de adquirir una mentalidad orientada al servicio cuando están en la edad en la que son más influenciables.

En la actualidad, la religión se ha convertido en otro producto que se vende en el mercado. "Esta es una religión de buena calidad; aquella religión es mala": así es como algunos venden la religión. Eso es como decir: "Mi madre es una santa; la tuya es una prostituta". La religión no debe servir para construir murallas, sino para tender puentes acercando a grupos de personas que una vez estuvieron separadas. Para ello, cada uno debe intentar comprender los principios más profundos de la religión: el mensaje del amor y la compasión. Por eso, la vida y las enseñanzas de Swami Vivekananda deben servirnos de inspiración a todos.

Por último, a Amma le gustaría proponer algo que cree sería útil para nuestra sociedad. Igual que los graduados en medicina tienen que empezar trabajando al menos un año en zonas rurales, al menos un hijo de cada familia debería hacer lo mismo al graduarse. Eso debería financiarse con becas del gobierno. Esos jóvenes deben vivir entre los pobres, entender los problemas que afrontan e intentar buscar soluciones para ayudarlos. De ese modo, podemos despertar la compasión en nuestros jóvenes, mejorar la vida de los pobres y el país puede crecer holísticamente. Si los jubilados también se dedicaran a servir a los pobres durante un año, ello ejercería un impacto aún más espectacular sobre nuestro país.

Si lo pensáis realmente, ¿hay alguna diferencia entre los seres humanos y los gusanos? Los gusanos también comen, duermen, defecan, tienen descendencia y, finalmente, mueren. Habiendo recibido este valioso regalo que es un nacimiento humano, ¿estamos haciendo algo más que eso?

No. Y no solo eso, sino que, por culpa de negatividades como la ira, la envidia y el odio, estamos creando nuevas *vasanas*[17]. Al menos, los gusanos no hacen eso. Esto es algo sobre lo que todos debemos reflexionar.

Hay que vivir de una manera que nos ayude a nosotros mismos y también a los demás. Dios le ha dado al relámpago solo unos momentos de existencia. Lo mismo sucede con un arco iris. Algunas flores florecen durante un solo día. La luna llena solo dura hasta el amanecer. Una mariposa solo vive unos pocos días. Sin embargo, en su corta existencia, proporcionan muchísima belleza y felicidad al mundo. Amma pide que aprendamos de su ejemplo e intentemos usar nuestra vida para hacer de este mundo un lugar todavía más bello. Coloreemos nuestros labios con palabras verdaderas. Pintémonos los ojos con el *anjanam*[18] de la compasión. Adornémonos las manos con la *henna* de las buenas acciones. Bendigamos nuestra mente con la dulzura de la humildad. Llenemos nuestro corazón con la luz del amor a Dios y a toda la creación de Dios.

---

[17] Tendencias negativas.
[18] Colirio.

Que, de ese modo, transformemos este mundo en un cielo.

La India debe levantarse. La voz del saber, del conocimiento del Ser y las antiguas palabras de nuestros *rishis* deben elevarse de nuevo y resonar por todo el mundo. Para lograrlo, tenemos que trabajar juntos y unidos. Que esta tierra que enseñó al mundo el verdadero significado de la aceptación permanezca firmemente arraigada en esa virtud. Que la caracola del *sanatana dharma* pregone a los cuatro vientos un nuevo resurgir que resuene por todo el mundo. Swami Vivekananda fue como un arco iris que apareció en el horizonte de la humanidad para ayudarnos a comprender la belleza y el valor de una vida de acción combinada con compasión y meditación. Que, de ese modo, el bello sueño del amor, la intrepidez y la unidad que tuvo Swami Vivekananda se haga realidad. Que el *Paramatman* [19] nos dé a todos la fuerza necesaria para lograrlo.

[19] "El Alma Suprema": Dios.

www.ingramcontent.com/pod-product-compliance
Lightning Source LLC
Chambersburg PA
CBHW070635050426
42450CB00011B/3213